包租女王

——美國房屋租賃贏家實戰錄

MIA　著

自序——租賃緣起

　　1995年男友全家移民，我們戀愛成熟，我還在猶豫，好友娟的一句話：「跟著他，海角天涯。」在她鼓舞的眼神中，我毅然決然和男友攜手踏上從小在外國電影裡幻想的美麗新世界——美國。

　　初來乍到，我們選擇靠近公司行號及中國商場的住宅區租屋，先生找到工作、生活安頓後，我對當地租屋生態有了一番瞭解，同時徵得中國房東同意，開始在世界日報刊登了分租廣告。

　　很幸運地，第一個房間很快就租出，房客是位單純誠懇的女孩，她在台灣的住家和我家僅十分鐘的距離，她和男友一起來美，拿到碩士學位，都已找到工作，攜手共創人生。能在異地遇鄉親，又和我們有著類似的人

生故事，那份濃濃的鄉愁在暢談故鄉的美食，便捷的生活環境中幽幽地淡然了。

　　另一位房客也是上班族，平日早出晚歸，不開伙，假日回外地陪家人，和優質房客同住一個屋簷下，輕鬆、無壓力，最重要的是為我們減輕了房租負擔，讓我初嘗租房的甜果，深深期望有朝一日能向房東看齊，成為真正的包租王。

　　其實追溯淵源，從小看著母親租屋，我幫著接電話，她帶房客看屋，職業婦女上班、照顧家庭，還要出租房屋、照料房客，真是三頭六臂，夠忙的。原來我的人生埋藏了出租房子的天份和興趣，在出了國的「天時地利」環境中萌芽，更因遇上了「人和」，自然而然地成為推進我走上包租道路的力量。

　　1999年美國房地產起飛，我們存了些頭款買了同區的第一棟房子，仍然分租兩間，讓好房客來為我們減輕貸款負擔。此區辦公室、商場雲集，15分鐘車程近公司和三個中國商城，商城包括中國超市，裡頭應有盡有，

當地新鮮蔬果、中港台各類食品；高尚的中國酒樓、家常餐廳、火鍋店、飲料店、服飾、百貨、手機、珠寶各商行及中國人成立的銀行，為華人提供最方便又親切的服務。

當時大環境佳，附近的生活機能強，環境、學區也都不錯，出租、自住都極優的情況下，眼看房價以一個月一、兩萬美金的態勢漲進，傳承優良血統的我和母親商議可投資房地產，包租教母豈非等閒，怎能坐觀風起雲湧而處之泰然呢？二話不說立馬進場，就這樣我們又買了第二、三棟房子，這兩棟屋子完美地按照我們的理念實現了包租的理想。

先生的構思巧妙地將原本平凡的空間化為理想包租房：獨浴套房和兩人享一浴的雅房，獨立出入門戶、共用廚房、以少炊為原則，上班族為大宗，搭配學生房客，身份單純、守份，彼此友好，處久了離開時還依依不捨呢。

其間有兩位「意外的訪客」，考驗了包租的智慧，

但都安然渡過，瑕不掩瑜，也在包租的歷程中留下特別的經驗。其實這兩位邊緣人並非惡房客，一位酗酒昏睡，另一位常喃喃自語、無法自制，他們無心侵擾別人，只是在包租的立場，必須考量公眾，作理性的處理。

2004年房價上漲將近翻倍，我們賣了自住屋，搬到市中心一棟較大的房子，附近生活機能充足，加上房子具備優勢的條件，持續進行出租的工作。對象以上班族為大宗，搭配學生房客，身份單純、守份，彼此好相處，絕對是經營包租不二法門。由於房客活動頻繁，隔音設施非常重要，讓互相得到更好的隱私和寧靜，才能維持長久和諧。

這20年的包租生涯說來漫長，成長的房客數量和經驗可說洋洋灑灑，但和我母親這位八十高齡、經營出租長達近半世紀的包租教母相比，我仍是後生小輩，要學習、經歷的事還多著呢，容不得我輕忽懈怠。這多年的心得累積，現稱得上倒吃甘蔗，足夠讓我「一招半式闖美國」，在自營包租之外，還行有餘力幫朋友及介紹包

租管理，但「租到老學到老」，遇上新鮮事，又可訓練為人處事的方法，讓思想、言語更圓融，真的是包租工作的最大價值。

細數多年在美所結識的朋友，竟有大半是由房客演變而成，他們畢業、工作、成家、有了自己的房子，邀請我們登門拜訪，在分享一家和樂氣氛中，心底總會冉冉昇起一股喜悅，曾經有這麼一處地方，讓他們安然停歇、凝聚實力，再出發去尋求遼闊的人生、幸福的終點，而這一個小小的、微不足道的溫暖，照亮了彼此，在多年後，任時間慢慢地流逝，它仍然都在。

目 次

包租是穩定獲利的行業

　　2016年，台灣聯合報刊載財經專家指出，據內政部最新發布的「簡易生命表」顯示，若國人在65歲退休，平均餘命有19.93年，若以行政院主計處統計之平均每月消費支出約20,000元計算，退休生活最少須準備五百萬元。目前民眾的退休金多依賴國民年金、勞保局年金和企業退休金制度，另外還需要民眾個人儲蓄及慎選投資理財項目才能保障無憂的退休生活。

　　在全球經濟、金融市場動盪、金融相關商品存在高風險、銀行存款超低利環境下，房地產具備保本、避險等優點，相對穩健。根據房產集團最新網路調查，退休養老準備的最佳理財項目，「房地產收租」以壓倒性領先，成為退休理財規畫首選、打敗股票、基金、債券和

定存，「養房防老」成為退休理財規畫新潮流，超過五成民眾買房收租標的為整層住家，或是因應社會結構改變，單身人口增加而衍生的獨立套房。

1.無論景氣好壞，永遠有租客

1995年來美時，筆者在靠近辦公區租屋，房屋是標準三房二浴的獨立住宅，先生上班方便外，得到房東同意後，我開始當二房東出租兩間房，兩位房客共同使用一間衛浴，房間很快租出，抵消了大半租金。

這一對鄉親情侶住了兩年後搬到他城結婚買房，居住時間是最久的，臨別依依，留下聯絡方式，至今仍互通信息。另一位房客也居住了一年，想尋求更理想的獨浴套房而搬走。之後一對夫婦帶著兩個孩子與筆者相見歡，一家四口承租了兩間房，在為小兒轉換學區後而離開，這短短一年多的情誼卻綿延了二十年的芬芳至今。

分租的房客流動率短則三個月更換一次，其他歷任

房客多為半年至一年換一次，搬走原因多為尋找到待遇
更優渥的工作，或是單身前來為先鋒部隊，在此適應穩
定後才將家人由國外或外州接來團聚，因此需要更寬敞
的住處。無論原因為何，都是可喜可賀的事，離開時都
寄予無限祝福。

★景氣好，房客川流不息，出租興旺

1999年加州房地產起飛，我們累積了多年的存款為
購屋頭款，與房客相處的寶貴經驗和心得，在同區買了
一棟獨立屋，同樣選了兩位優質房客入住。

當時經濟情勢大好，餐飲業每逢假日門庭若市、人
聲鼎沸，各行各業暢旺，工作機會眾多，筆者刊登世界
日報租屋廣告，一個週末來電十通，三位房客看房即可
挑選一位順利租出。租金穩定增加了信心，眼看房地產
的漲勢，家人支持下再投資第二、三棟獨立屋。

當時經濟情況佳，住屋又臨近高速公路、辦公室、
超市等，生活機能強，我們將第二、三棟獨立屋採包租

的方式，來客看屋率高，一個周末可租出一間，一個月可達成滿租，租金報酬遠超過全棟出租的模式。

五年後，2004年我們賣了第一棟自住屋，賺了翻倍房價價差和租金，換一棟位於市中心、近超市、銀行及大型購物商場、房屋和庭院面積都大一倍的房子，繼續運用包租的型態，讓優質房客為我們分擔貸款、房屋稅這大宗開銷。

經濟榮景時趕搭順風車，房租水漲船高還可挑選高薪的優質上班族為房客，不僅坐收高報酬租金，更大的利益是轉手賺房屋價差，一舉兩得。

★景氣轉弱，房客更為增加，租屋氣氛越趨樂觀

2007年末股市漲勢已近尾聲，房地產市場順應股市開始下滑，平均七年一個循環的房市榮景也告結束，筆者擁有的房屋房價均下跌，但租客到訪率不變，持續保持穩定出租的狀態。

案例分享1-1

　　Alan為筆者的房客，他本身擁有公寓，受不景氣影響而被減薪，他單身居住一棟房子太不經濟，所以他將整棟公寓出租1500美元，自己搬出來租一間套房500美元，多餘的1000美元可支付房貸。

案例分享1-2

　　Bill也是相同的有房階級，因恰好和女友分手又逢不景氣，他也將整棟獨立屋出租2000美元，自己搬出來租一間雅房400美元，節省下的餘額足以付房貸房稅和其他開銷，對抗不景氣時，腦筋靈活，適時變通一下，減輕了負擔，讓生活更輕鬆，不失為一個好方法。

★經濟down到谷底，出租景氣逆勢高漲

　　為鼓勵民眾購屋，銀行未嚴格把關高利率貸款的發放，終於釀成了2008年10月的次級貸款風波──百年金融海嘯來襲，經濟衰退、失業率高、法拍屋多、房價

下跌的情況下，有工作的人，見市況每下愈況，不敢買房，先租房靜觀其變，待房價探底再進場；失去工作的人買不了房子，需要租屋；法拍屋主失去房子，也需要租屋，租屋市場越見活絡，分租需求更強勁，租金不僅未跌且小幅調漲。

案例分享1-3

　　Chris在這一波不景氣中慘遭裁員，孩子出門唸大學，他將兩間房分租貼補，所幸太太仍保有工作，靠著這份收入、些許存款和房租，暫時疏解了困境，維持住生活。後經友人介紹，幾個月後又找到了工作，渡過這次危機。

案例分享1-4

　　筆者房客中有對年輕夫妻，他們本來租整棟公寓，準備多累積些存款買房，無奈先生失業賦閒在家，僅依靠妻子單薪，維持生活開銷異常吃緊，更談不上存錢

了，已租了三年，剛簽第四年合約不得已只好毀約，犧牲當初繳付的押金而另謀住處，才搬入筆者的租房，從原本享受兩人世界的獨棟屋，到如今兩夫妻住一間房，甚至還需要和室友共用衛浴。

案例分享15

　　另外一對夫妻房客景況更是難堪，先生在2005年找到待遇非常優渥的工作，他們興高采烈地買了獨立屋大肆裝潢，沒想到美麗的屋舍只歡享了短暫的時光，2008年金融海嘯來襲，經濟潰決，這間公司隨之瓦解關門，年輕人並無積蓄，妻子也沒有收入，完全無法支付貸款等所有生活必需，只得忍痛賣屋，搬入筆者的出租套房，靠先生打工支付開銷度日。

　　當時筆者居住區域失業潮據稱達二十萬人，失業、失去房子的故事在許多家庭中上演，平日上下班擁塞的高速公路少見車潮，通暢許多。也聽說許多高學歷、坐

擁高薪的高科技人士因承受不住這失落感而選擇走上絕路。彷彿從天堂重重落下屈就現實的人，把握重新開始的機會，才能成為真正的贏家。

2.無論房價漲跌，永遠賺租金

案例分享1-6

　　Dennis於2000年在加州某城買了獨立屋500,000美元，2004年賣得百萬，到他城換了兩棟500,000美元獨立屋想再翻一倍。筆者建議他出租，待房價漲，賺房價差額和租金。2005年房價持續上揚，經濟情況尚佳，房租支付貸款和房稅綽綽有餘。無奈2007年房市開始下滑，2008年又逢百年大海嘯，2010年兩棟房價一落千丈，各僅剩250,000美元。他雖然買了兩棟屋均套牢，所幸有租金進賬，可支付開銷，得以保住房子，最寶貴的是租金不跌。

★房價大跌，房客如潮水湧向出租市場

此城「淹水屋」率（貸款金額高於房價，如貸款300,000美元，房價僅剩250,000美元）居加州數一數二，因失業率高，屋主無法也不願意再支付貸款，迫使屋主紛紛棄房而去，法拍屋主眾多，都需要租房，租屋人口大增，租金自然穩定，算是不幸中的大幸。金融海嘯之前一個家庭租一棟房，之後為節省開銷，時見夫妻或一家大小租一間房的景象。房價跌深反而推升了租屋市場，這波風潮造就地產投資客趕搭出租列車，趁低房價進場坐享高租金報酬，在下一波房價翻飛前已先賺足了租金。

筆者的出租房房價也都難逃下跌，但位處於高科技公司匯集、治安好、優良學區的城市，雖經濟衰退，薪資報酬不如以往優渥，仍屬於就業氣氛樂觀的環境，工作機會多，必然吸引大多數人口居住，租金因應不景氣稍微作些調整，且不再堅持只租單身，適度開放給兩

人租一房，但為維護居住品質，一家帶小孩幼兒的房客即使租金再優厚也只能謝絕，因房客增加，租金收益較之前經濟榮景時還達到某種程度成長，這種「意外的收穫」更肯定了包租工作的實質意義。

案例分享1-7

　　Eric於2000年時在南加州開發土地，蓋了兩百戶公寓，高昂的房價仍然銷售暢旺，2007年後景氣開始衰退，房市漸緩，降價求售仍抵不住經濟頹勢。他決定將未售出的數十戶公寓成立管理委員會，由專人出租管理，「只租不賣」的策略讓他撐過六、七年的房市低潮期。

★景氣回春，投資客大舉進場，租金又創高峰

　　2013年房市觸底反彈，投資客紛紛進場撿寶，重返買屋行列，案例1-7的Eric重新將房子上市，投資客津津樂道撿獲低價寶，Eric又重享2000年至2006年房屋搶購熱潮的喜悅。他也深深地感覺，景氣越不樂觀，租屋的

氣氛就越樂觀，投資人對房地產還是較其他項目熱絡，因「進可攻」——景氣上揚時將房屋銷售至最高價；「退可守」——景氣反轉時先出租，守住房產穩住現況，再視情勢循序漸進發展。2015年，Eric依然保持部份房舍「只租不賣」，景氣復甦，經濟情勢看好，買屋租屋的電話、人潮詢問絡繹不絕，他的辦公室業務更是欣欣向榮、蒸蒸日上了。

2017年，報載美國加州都會區因房價高昂，租金跟隨水漲船高：獨立套房（studio）僅400呎（約12坪），租金達1500美元，合台幣45,000元；一房一廳一浴的公寓住房，面積500呎（約15坪），租金2000美元，合台幣60,000元；兩房一浴的公寓住房，面積僅700呎（約20坪），租金高達$ 2500元以上，合台幣75,000元以上；而全新的一房一廳一浴的公寓住房，設計建造為飯店式大廳樓層，面積也僅700呎，租金更高達3500美元，合台幣105,000元，驚人的租金漲勢，迫使為求學和工作的租客，只得外移附近周邊城市另謀租房，卻連

帶地帶動周圍的城市租金也紛紛看漲。因捷運四通八達、便利快速，筆者的房客中就有幾位，每天早上將車開至捷運站停車場，然後搭捷運50分鐘抵市區工作地點，若是和居住在大都市中相較之下，雖每日上下班通勤時間增加，但租金卻節省了一半，可負擔生活其他方面開銷，還是明智的決定。

3.無論陰晴雨雷，坐在家中等著房客上門

相較其他服務業，包租的工作有許多項優點：

（1）性質單純，不需參加職訓、講習和會議。

（2）無需賣力推銷，徒勞奔波，節省大量的時間與精神。

（3）輕鬆刊登廣告，自有大批尋求住房的租客主動送上門來。

（4）不必放下身段、看人臉色、甚至受窩囊氣。

（5）房地產自住出租兩相宜，可享房價漲幅和租

金報酬，一舉兩得，且無需被迫消費、囤積商品，勞力傷財。

房屋仲介、房屋貸款及保險、直銷業等行業都需要專業知識：仲介業需掌握房屋裡外所有情況、房事前景、房屋市場等消息面。貸款業需熟知貸款各種方案，為顧客安排最優惠的期限利率。保險、直銷業等行業更應具備專精優良的推銷技能以滿足繁多客戶的需要，甚至是不合理的要求都需要配合。

據報載，華人買房平均要求看屋數十棟計才能買成一棟，也聽仲介朋友提及有些「職業看屋者」無論平日假日將看房當休閒，已看房達整整一年，參觀了365棟房還說沒有看到理想的房屋，不是挑剔房屋就是價錢不滿意，仲介朋友苦笑搖頭的表情令人感嘆，她本身也投資房屋出租，深以為出租如此輕鬆，較仲介單純許多，但仍以高標準高難度的挑戰為歷練，一旦達成目標，交易完成後的豐厚佣金是支持她義無反顧的最佳動力。

案例分享1-8

　　Flora原為直銷商，該健康產品為第一代產品，初上市，雖售價高，因物以稀為貴而領先同業，造成風潮。商品的模仿和感染力似水流洩漫延無法扼止，一段時日後，相同原料精華的產品如雨後春筍般出現，大舉向市場進軍。消費者眼花瞭亂、目不暇給，在這波同質性高、低價商品戰中，她的顧客紛紛投入他牌產品懷抱，她的業務推進受創，每月又必須支付商品基本消費額度，備感吃力情況下，決定撤離經營十年的事業，準備退休。筆者鼓勵她趁這波房地產的跌勢，選出條件相當的投資屋出租，可為其分憂解勞，只需坐收租金，真正享受無憂的退休生活。

案例分享1-9

　　Grace為保險業者，為筆者好友，保險業務繁雜忙碌，內勤必須接受顧客諮詢各類健康計劃，項目多如繁星，必須清楚嫻熟內容，細心逐項說明介紹，為客戶尋

找最經濟適用的方案。外務須拜訪公司商號，主動爭取大宗團體保險，她告訴筆者，初接觸此行業因受困語言能力，不知吃了多少閉門羹，即使先通過電話約訪的第一步驟，當面和主管人員應對時，如履薄冰，戰戰兢兢，責任感驅使才能支撐龐大壓力。在她從事保險業勞心勞力、漫長的二十年之際，也在筆者建議下購買條件相當的投資屋出租，如今這兩幢投資屋已由筆者經營包租多年，房價也續漲進，為屋主提前預備退休金，也許不如她們以往的工作收入豐厚，但完全無須付出任何時間精力，遠較上班愉快，心境上的輕鬆才是最大收穫。

02 包租的求勝之道
Chapter

1.精選物件

★好學區吸引力大，租金高仍搶手

如情況寬裕，學區屋出租是不錯的選擇，好學校學習環境優、居民程度高、治安佳、居住環境良好，租金高仍供不應求。但相對的房價房稅高昂，若非早期置產，出租投資報酬率較不划算。

案例分享2-1

Helen居住好學區，孩子離家上大學，空出一間房租給一對母女，母親早晨將女兒送入初中校園後去上班，下課孩子自己走路回家，十五分鐘步行時間讓母親

非常放心。

由於她的住所距離小學初中都很方便，因此房客絡繹不絕。如今她的女兒大學畢業，已在外地工作，這間房成為租客長期居處，她將房租提高，望子成龍的父母仍然願意承租，也算是一項報酬不錯的長期穩定的收益。

★大學城周圍租金高，仍吸引學生居住

名大學和社區大學附近都會聚集學生租客，學生多由家長供給開銷，無法買車代步者，必須選擇近學校、超市等生活方便為主的租屋，學生租客對生活環境的需求會大於住房的要求。

案例分享2-2

Jerry在加州名大學附近投資出租房，三層樓屋舍，每層隔為十間雅房，共用兩間浴室，整棟租客多達數十人，平日已熙來攘往，假日親友訪客喧囂擾嚷，不得安寧。

　　包租固然必須謀取最大利益，但也須顧慮房客基本權益，雛租房外在條件佳，上課、購物方便，大學生租客已非常知足，但漠視住房安靜、衛生和安全等條件的要求，筆者站在包租立場並不鼓勵如此的經營方式。

　　許多初中或高中的留學生來美國就學，英語並不是非常流利，高中畢業後，成績未達名大學申請標準，會先就讀社區大學，如成績優良，同樣可申請到好大學。

案例分享2-3

　　kevin的住家距離社區大學開車十分鐘，巴士站也是步行十分鐘之距，搭乘公車也算方便。他分租單間給一位學生房客，這個十九歲的年輕人，高一時父母為他選擇了寄宿家庭，讓他學習在美獨立生活，當時英語並不好的他思想早熟、性格獨立，自己在網路上尋得一處農莊寄宿家庭生活，他幫忙屋主採收水果賺取零用錢、學牛仔騎馬套牛、學為母牛擠乳……，將自己的異鄉生活安排得生氣盎然，為青澀年華點綴色彩繽紛的回憶。

雖然高中畢業成績不盡理想，但他知道未來的路掌握在
自己的手裡，他先就讀社區大學，加倍努力，兩年後他
申請上州立大學就讀廣告學系，如今是知名品牌商品的
網路行銷經理，這位年輕人也成為筆者的朋友，他的房
東K君至今仍對這可愛的房客津津樂道。

★便利性高的生活環境，吸引大量租客

只要距離辦公區車程一個鐘頭以內的住屋，都會為
租客所青睞，對象乃最廣大的上班族群。如前所提：
近高速公路、學校、超市、辦公區永遠是選擇標的物的
指針。

筆者的包租屋近南區，各大公司都聚集在此，帶
狀網羅了辦公室、購物中心、餐飲業等一切生活所需場
所，租客樂於選擇此處環境長住。而自住房位市中心，
走路十分鐘到超市、開車一分鐘上高速公路、二分鐘到
Mall、三分鐘到中國商場，交通方便，四通八達，也匯
聚了一帶狀辦公區，衣食住行育樂，所有民生需求一應

俱全，出租率達成完美境界。

這幾處住客都稱得上是長壽房客，最久者居住七年，大部份居住二至三年，如此經營成果雖不能自滿，但「好房客」能經得起時間考驗，控制在低流動率，好比公司留住「好人才」，節省人力成本，如此包租才得以永續發展，日益精進。

2.管理服務

包租是自營生意，如同家庭企業。整棟出租，對象單純，多為一個家庭，合約簽一年，只要注意維護修繕問題。因應不景氣，租屋型態改變，與經營公司相較，注重營運管理，還需要秉持服務業的積極、熱忱和耐心，滿足各類房客各種不同的需求。

整棟屋出租，對象為一個家庭，合約內容單純；租屋型態改變針對個人，形形色色的房客，更需要注重合約內容完整性，一百位房客可能有一百種情況，一份完

備的合約可因應各種的狀況發生。

★準備完整的合約處理各種情況

一份完備的合約，是在正式核定的合約以外再附加包租型態必要的條約，以作為房客須遵守的生活規範依據，可因應各種的狀況發生。

筆者包租對象多半為單身，合約內容載明「禁止訪客留宿」，可是常有房客親人來訪，提出住宿一段時日的要求，如許可，勢必影響安寧，不許可，又有些不通情理。因此這項規定必須增加臨時變通，留宿以一個星期為佳，不得超過十五日為限，盡可能以租客利益為考量，以期符合人情。筆者的房客中曾有三位學生一起來看房，他們是表兄弟關係，對住房各項條件都滿意後提出親人來訪的要求，筆者答應要求後，他們決定承租了兩間房。第一、二個月，A的媽媽和妹妹來度假兩個月；第三、四個月，B的爸爸和爺爺來度假兩個月；第五、六個月，C的父母來度假兩個月；第七個月，C的

姐姐也申請來美唸書，甚至還未經過筆者的同意就直接住了進來。半年多來，這三位寶貝房客接二連三上演一連串的「親人大團聚」戲碼，人口眾多，出入頻繁，攪得室友不得安寧，永無清靜之日，筆者只得依約履行「少訪客，嚴禁過夜」的規定，他們也有難處，無法遵照合約，只好另謀住處，保障了其他房客的權益，讓住屋重新回復之前的平靜。

筆者出租合約內容載明「禁止養寵物」，曾有房客友人出遠門，臨時受託代為照料寵物，如許可，勢必有噪音和衛生的問題，不許可，又不盡人情，只得臨時變通規定，約明照顧時日數天為限。諸如此種意外狀況不時發生，都隸屬於管理的範圍。管理得體又合乎情理，租客遵行規章，包租的營運自然順暢上軌道。

租約內容載明「嚴禁抽煙」，某房客雖於入住時表明會在戶外抽煙，居住八個月後，冬季溼冷氣候，他耐不住煙癮又懶得移動尊駕，逕自在房間吸煙，煙味瀰漫飄散，筆者數次溝通，他態度良好，一再道歉卻也一犯

再犯，屢勸不改之情況下，筆者只得依合約進行溫和勸退，請他另謀住處，保障其他房客拒吸二手煙的權利。

★秉持積極的態度、熱忱和耐心對待房客

包租的服務分硬體、軟體，硬體包括外在大環境：提供衣食住行育樂，所有民生需求一應俱全；內在即住房所供應的水電、傢俱、網路、炊事及停車位等設備，基本需求缺一不可。軟體即服務：積極的態度、熱忱的心和無比的耐性，滿足各類房客各種不同的需求。

（1）積極的態度表現於租客電話詢問和臨門挑選房間時，對其所有的疑問都予以解答，甚至設法為其排除困惑，積極爭取適當的房客入住。筆者包租必設置儲物設備，無論是室內儲藏間或戶外儲物空間，可存放行李箱、雜物類，符合滿足房客需求的貼心服務。

（2）適時地詢問網路品質及熱水、暖氣供應的情形，甚至提供棉被、枕頭等給外州初來者，

他們無法攜帶大件行李，也還來不及買車，無法購買生活用品，在冬日裡供給住客些許溫暖，房客能點滴在心頭。

筆者曾數次帶領新房客去購車，經常是在賣車場逗留試車一整天，當車行業務員知道我們之間的關係，無不非常驚訝，怎麼會有如此友善的包租業者？筆者以為包租並不是房間租出即可，其實租出後正是考驗服務品質的開始。告知初來乍到新房客，附近民生所需如商店、餐館、銀行、公車站等地點，使其盡快安頓生活，平撫緊張奔波的情緒。

（3）每位租客看房時考量的情況並不相同：有考量房間、浴室、床具、衣櫃的大小；房間座向方位、日照採光的要求；還有隔鄰室友作息、工作性質及性別的顧慮等等。考慮工作地點距離和民生所需便利性兩項重要因素外，以上這些繁瑣的細節也佔據相當比重。

此時必須秉持熱忱，以無比的耐性，流露和善，接待每一位可能是未來房客的顧客，即使最終未能達成圓滿，無形中培養無比的耐心，包租的韌性更堅實了。

3.熟悉流程

包租工作具備一連串的服務項目：

（**1**）**熟悉租屋環境的優勢**：是否臨近高速公路、學校、超市，公司，甚至購物中心、餐廳、銀行、公園、公車站、圖書館這些公共設施。

（**2**）**刊登廣告**：刊登廣告用語在報紙、網站都有訣竅，藉以吸引理想的房客，避免閒雜人等。

（**3**）**撰寫適當的廣告詞彙**：清楚詳盡地介紹房屋和環境，讓租客明瞭居住的情況，選擇符合自己需求的住房。

（**4**）**接應電話**：從租客說話的態度，大概可判斷個人的水平程度，藉以增加瞭解房客的特質。

（5）**慎選房客**：包租最高指導原則「成事在人」，
「人」的因素最重要。當面的對談，從租客
的職業到說話的語氣、眼神、表情，甚至是
笑容，可大致掌握房客的個性。房客的為人
有時勝過工作的穩定，在大環境不佳之際，
裁員可能落在每一個人身上，個性穩定的房
客失去收入不致失去責任感，拖欠房租。

（6）**簽約**：查明工作狀況、信用程度後，選定房
客即收訂金（押金）、租金和簽約。景氣不
佳時，建議包租業者收取現金為宜，一則避
免退租，二則房客必須搬入起租，除卻許多
紛擾。

案例分享2-4

　　筆者包租初期選定房客並收取訂金（押金）支票，
約定一個月後搬入再付租金和簽約。三個星期後，這位
房客要求退租，筆者表示三日內退租為合理要求，已經

過了三個禮拜，如此長的時間裡已拒絕許多詢問的電話，此時要求退租，完全抹煞包租者的辛勞，實在不合情理。她沉默了一會兒，情緒激憤地抗爭並表示已諮詢過律師，在簽約前要求退租三分之二的訂金都屬合理。筆者語氣平靜、態度堅定表態法律是最後一道程序，不到非不得已，不至於到劍拔弩張、虛張聲勢的地步，她悻悻然地下了結語將等候退租，隨即結束通話。筆者權衡得失，寄出一半訂金以補償三個禮拜的空等，此種不守信用、不尊重包租業者辛勞的房客是不受歡迎的，因此建議包租業者收取現金押金後簽約為宜，一則避免退租，二則房客必須遷入起租，除卻許多紛擾。

另有兩次經驗銘記在心，未曾重蹈覆轍。一房客租房時表示押金在前房東處尚未退還，稍後會如數補上，他有正當工作，態度也誠懇，只得先收下租金，讓他搬入再簽約。第二個月他如期交租，押金不見下文，仍提醒須繳交押金，才算完成合約，他不置可否，筆者已有預警。果然第三個月他交不出租金，請求緩幾天，數天

後筆者依約收租，已人去房空，留下一堆垃圾待清潔。

　　包租須依照合約行事，不得有模糊地帶，如原則寬鬆，稍有不慎，必將付出人力和金錢成本。

（7）**管理服務：**管理房客如同管理公司員工，希望能為營運創造最大利潤。近年來住宅出租形態轉型，管理形形色色租客的技巧、服務內容與品質都需與時俱進，才能留住好房客，獲取穩定長期的收益。

（8）**搬家退租：**天下無不散的宴席，再好的房客終有離別時，好房客會善待住房，只須稍作檢查，即可達成退押金的最後一項程序。若是壞房客就必須仔細檢視每項設備，合約上載明，屋主可於房客搬走2星期至21日之內清查房屋後才退押金，都屬合理範圍。

案例分享2-5

另一次經驗，印象深刻。這對夫妻都有正當職業，按時交租，先生平常雖不露表情卻也看來平和。居住一年後，倆人時常傳出口角，筆者瞭解原因為先生失業，常向太太要錢，出言不遜還語帶威脅，關係十分緊繃。

果然幾次爭吵後，他動手施虐，她害怕得將房門鎖住，不讓其進入，他激烈地狠踹房門，驚擾了室友告知筆者，只得以影響安寧為由，無法再續約並請求收回房間，這位先生惱羞成怒，堅稱房門修繕不予理賠，筆者避免再刺激他，無奈退回全數押金。惡房客總在利害衝突時顯露本性，百中難免有一，包租選擇寧可吃點虧，將其請走，方為上策。

4.慎選房客

「房客」決定了包租的責任輕重與否，好房客如同分擔責任，讓包租的工作清靜無憂；壞房客讓包租不得

悠閒，還可能造成「請神容易送神難」的窘境。筆者早期經營包租的經驗中，曾有幾次意外情況，如下案例：

案例分享2-6

　　筆者包租對象多為年輕的上班族和學生，程度整齊，易溝通，獲得充分的合作。一位房客的經驗證明一貫的堅持是經得起檢驗的。他來看房時向筆者深深一鞠躬，謙恭有禮，談笑自然，令人印象良好。初春時，房客已紛換上單薄衣衫，他仍然希望開放暖氣，筆者只得視室內溫度開放。

　　可能來自於熱帶地區，也可能是其他原因特別怕冷，他仍然要求長時間暖氣供應，為因應特殊情形，破例允許他使用電熱器。如此通融，竟換得暴增的電費帳單，待氣候轉暖，筆者提出停用電熱器的要求，他堅持維護權益，蠻橫無禮，促使筆者回歸合約「禁用電熱器」此項規定，語氣堅定，態度溫和請求配合。筆者確認此類房客不宜久留，溝通需要耐性和技巧，不得強

硬。所幸一個月後，他以遭解僱理由，提出臨時搬走的要求，立刻依照其要求退回半月租金和押金，讓包租添加一次寶貴的經歷。

案例分享2-7

筆者包租合約載明「嚴禁抽煙」，此位女房客初來時出示學生證，表明平日白天打工，下午在社區大學選課，不會抽煙。態度和善，面露笑容，非常客氣有禮貌。雖然年輕女孩化妝打扮也屬平常，但以接觸房客的豐富經驗，筆者心裡已有些許準備。果然她的生活並非如她所說。每日中午出門，濃妝艷抹、衣著光鮮，名車接送，近午夜才回來的她在房裡吞雲吐霧，肆無忌憚，暖氣開放時整個屋子的人都吸進了二手煙。

非自律生活的房客會影響公眾利益，經過筆者勸說，解除了室內抽煙的困擾，三個月後也許是職業習慣使然，伴遊女郎必須改換巢穴，她主動提出搬走，這次的體驗又增加包租過濾、辨識房客的經驗。

案例分享2-8

　　另一位也是「學生」，自稱在社區大學修課，且詳細告知家庭狀況，父母都是知識份子，家世高尚。他初來表明有時會小酌一下，住進月餘才知是每天喝一兩瓶，打開房門酒氣沖天，一個月垃圾桶堆滿數十個酒瓶。筆者只有請求搬家，並不惜多退點房租貼補。這些偶發狀況，實屬防不勝防，都需要附加註明在合約規章內：「嚴禁酗酒」，周全的準備才能從容因應各類意外的房客。

案例分享2-9

　　這位男士有固定工作，繳交押金租金都沒有問題，人誠懇老實且言談有物、學養尚佳。搬來月餘，經室友告知筆者才得知，他常在房間裡喃喃自語，整夜不休，沒有訪客也並未打電話。筆者進一步瞭解：他患有精神症狀，因藥物副作用拒絕服藥，病情無法獲得治療改善。為維護居住品質情況下請他搬家，他請求留下，卻

一再發生相同情況，隔鄰室友整晚受干擾，不得安寧，筆者不得不嚴屬地表示將訴諸法律，才將他請走，這才結束了「另類房客」的出租驚魂記。

包租的心理藝術與經營哲學

　　服務業是積極主動的行業，必須密切與人接觸相處，舉凡房屋仲介、保險經紀、汽車銷售和健康食品直銷業等，都必須隨時充實專業知識、完全熟悉商品內容，並且瞭解客戶的差異性，每一個客戶需要的產品不盡相同，才能知己知彼，達成銷售目標。而房屋租賃雖然與人接觸頻繁，但只要硬體條件達到設備妥善：供應水電、暖氣、洗衣、網路和停車位等一應俱全的程度，工作性質是再單純不過了。因為「住」是基本需要，每個人都需要住房，這是適得其所、包租與房客兩相得利的關係。

1.租金訂價合理，自然過濾出好房客

　　早期房租定價時，筆者會稍提高價錢，應付精明的房客，給予殺價的空間，滿足消費者貪便宜的心理。包租是勞動型態的工作再附加「價碼」的角力戰，勞心勞力，雙方互相為價錢拉扯成為「壓扁駱駝的最後一根稻草」。後來慢慢體會「定價合理」自然過濾出好房客的道理，因為真正的好房客是不會斤斤計較，佔那一些些的便宜而沾沾自喜。再深層地進一步想，房租的定價根據房屋所在地優勢條件而來，再精明的消費者不可能「又要馬兒肥，又要馬兒不吃草」，既享有便捷的環境又供給舒適的住房，如何還能在價位上否定包租的辛勞呢？

2.包租是適得其所、順其自然的藝術

　　早期租屋時，每逢房客搬家，壓力隨之而來，又要進行一連串的招租程序，又擔心租客嫌東嫌西、挑剔囉嗦，一再帶客一再遭打回票。一段時日後竟發生失眠的情況，才知是得失心太重，造成焦慮的傾向。

　　包租是一種瑣碎卻不複雜的工作，是一門「適得其所」的藝術，更富有「一個蘿蔔一個坑」的哲理。在自我調整過程中，以租客的心理試想而接受租客的顧慮，即使無法順利租出，也屬正常情況，「順其自然」的思想逐漸明朗。

　　有一種情況，也是收入較高的上班族房客的特點，只要能提供滿足一切需求，此族群並不計較房租價位，每當筆者帶看條件中等的房間，總會得到：「不是價錢的問題。」此類回應，久之，領悟到每一棟住屋或每一個房間，產品內容不同，租客自然有別，「船到橋頭自

然直」。每種價位、每一處住所都會等到合適的主人，每一種類型的租客也都可找到落腳的「家」。

筆者在租屋形態剛轉型時，為避免租客流動率太高，須不斷地進行招租程序，訂定了至少須住滿一段時間的規定。深入經營後發現包租客的特質如流水，訴求是來去自如、靈活、富彈性、不願也有時不得受約束須住滿一段時間的限制──這也是吸引包租客、包租市場活絡、包租大餅令人想分食的原因。透視這層心理後，不再堅持「限租長期，謝絕短租」的僵硬規則，長期、短租皆是客，反而降低了空房率、維持租金價格一定的標準，只要能挑選到優質的租客，銜接安排巧妙，才能真正達成雙贏和互惠的局面。

包租房客數量的成長，伴隨思維的轉變、心態的調整，生活品質下降的魔咒才能消弭於無形。包租是自由業，等同在家上班，清閒時是假期，貴客臨門時必須展現機動性，無論晨昏，盡可能配合客戶的時間。有時房客晚上加班，必須在早上九點之前讓他看房，有時早上

無法趕來，必須在晚上十點多，他下班後才帶看房。

「有人就有事」，往往正準備用餐，卻棄佳餚而去，因有人要求看房；約定看房時間已過，回來正要休息，卻要再度趕到租屋處，因房客延遲抵達；安排的事情與帶客看房時間有衝突時，必須以滿足房客需要為主，不可能讓房客配合自己的計畫去調整。記憶最深刻的一次，很久未見的好友，請我們在他家住一晚歡度周末，先生週五下班，一路塞塞塞，終於進入大城市市區，晚上七點鐘飢腸轆轆，正準備和朋友共享大餐，接到電話，一位女房客洗完澡，只穿了單薄衣服到洗衣房洗衣，將鑰匙反鎖在屋內，她說如果車鑰匙在身上，就開車去朋友家，無奈和房間鑰匙串在一起，只好向我們求救，我們只得和朋友致歉，路上買漢堡裹腹，好不容易安排的度假，乘興而來，垂頭喪氣而歸，悲哀又悽涼冬日微雨的晚上。有時不禁感嘆自由業其實不自由，必要時須隨時配合，生活品質打折扣，無法享有完整的時間，但隨著經營日久，不再受限於狹窄的思維，更能把

握閒餘的時間充分運用，將心境調整到適當的狀態，不至於受房客影響而起伏不定，擾亂寶貴的正常生活。

3.租給好房客，當個快樂包租王

根據經驗，平均一間房讓五個人看過，能受到一位房客的青睞，也正可達成包租對房客精挑細選的標準。租屋戒急，急租容易失去判斷，可能會疏忽了觀察，多看人、多比較，自能看出房客優劣。

以筆者來說，在先生上班，雖非優厚但穩定的薪資基礎上，以對包租「寧缺勿濫」的原則而逐步進行，不致草率地不仔細觀察、詢問就來者不拒、照單全收。若是在維持生計的窘迫情況下，很難避免濫竽充數的情形。

案例分享3-1

　　Peter離婚加上失業，為償付開銷出租房間，因不瞭解慎選房客的重要，急就章租給沒有固定工作、靠打零工的夫妻兩人，妻子沒有工作，每天在家烹飪，大炊特炊，或是擅自取用柴米油鹽，讓Peter煩心不已。

　　更頭痛的事來了，房客的先生打零工有一陣沒一陣，第三個月的房租已拖欠十天了，兩人足不出戶、敲門不理，在Peter出門或夜裡熟睡時，他們偷偷到廚房覓食，過著像鼠般的生活。月終仍不見交租，眼看押金已抵銷租金，可是兩人仍無收入，更不可能找到住處，已緊迫不堪的Peter只有花錢請律師驅趕房客，才將這兩位瘟神請走。「一朝被蛇咬」，從此他認真地找工作，寧可朝九晚五辛苦上班，再也不敢出租了。其實如果能在與租客面談時，多一些考量職業類型、工作穩定性，觀察談話節奏、神態，甚至瞭解目前居處情況、租屋的動機這些細微處，相信都會增加瞭解人的個別差異，掌握辨識「人」的精確度。

4.善待好房客，獲得包租長久的收益

　　房客租屋除了事先知會是臨時性，如度假、即將買房特殊原因，或是找工作、先行落腳，等待工作地點確定後再決定住處等，一般房客選定租房後異動機率並不高，既來之則「安」之，對於入住者盡可能地配合善待，期望好房客能長期居住，將流動率控制在最低，因更換一位房客需增加空房和人力的成本。平均說來，如果每一位房客都能住上一年，那就是非常滿意的結果。筆者經營包租房屋多年，所需房客量大，才可達百分之百滿租的程度，如果僅是靠川流的新房客來來去去，那包租的工作是永不得清閒的。如同餐飲業，如客人來了一次就不再光臨，沒有回頭客、老顧客的愛護，必然無法長期經營下去，包租也是如此，讓每一位好房客都能持續地、長長久久住下去，才是真正考驗包租王的實力。

　　對房客服務的要求必須應答處理、投訴的要求必須
傾聽、紛爭必須解除。包租是責任、榮譽、服務，是一
份負責的使命感，「登門即是客」盡所能將房間完整介
紹，滿足提供房客所需，達成租賃任務。服務的熱忱，
源自對此工作的重視和瞭解其可貴性。曾聽過這麼一句
話：「房東是天底下最好的行業」，包租並非具艱難
度、挑戰性，更無需高技術、臨高風險，面對的事務並
不複雜，假以時日即可駕輕就熟，是一份享有餘裕生活
的工作，這份自得自在應是其他工作無法比擬的。

　　筆者經營包租二十載，接觸過數百位尋找住房的
人，深深地以能夠為租客安置住房為榮。許多遠道而來
為唸書、工作長期居住的房客、新移民或剛畢業準備找
工作，暫時尋找落腳處的房客……，當滿足了住的需求
時，從這些焦急渴望轉而輕鬆抒解的神情中，證明了包
租工作的重要性。

案例分享3-2

　　筆者房客中有位男士為先鋒部隊,隻身來美三年,工作穩定後想接妻女來美團聚。包租經營居住品質的維護最為重要,因此對象多為單身,適度接納兩人同住。他尋問多處住房,沒有包租屋主願意租給一家三口,居住環境因人口眾多,會比較髒亂且影響安寧,最主要是造成其他房客的權益受損,本來是兩位房客共同使用一間衛浴設施,現在成為四位房客共享一浴,即使房租略增,但因三人擠一間房,生活非常侷促,房租只能象徵性調加以近人情,並且造成室友生活不便而起反感,實質上對包租並不能增加太多收益。

　　他再三懇求,以目前薪資,如租整棟房屋,最便宜的獨棟套房(studio)僅400呎(約12坪),有浴室、廚房、小餐廳,其餘的空間就是放一個床,租金至少1200美元,再加上水電、網路費用,一個月需負擔1400美元以上,扣除固定開銷,薪資所剩不多,無法支撐一家三口的生計。筆者經營包租必須平均顧全房客,盡所能考

量整體，不得偏頗，這位房客入住一年，安份守己，令人印象良好，筆者經再三考慮且與隔鄰室友溝通，取得協調同意，破例接納了他的要求。如今這一家人已度過一年多的時間，漸漸適應此地的生活，日常作息的狹小空間已被生存的韌性克服，他們添了許多置物櫃，將衣服、日用品井然有序地排列，一張加尺碼的床幾乎占了房間大部份；平日先生上班開著舊車，將較好的車留給太太接女兒上下課；假日全家出遊，歸來必定提著大包小包，如果遇上長假期，他們會安排旅遊，每當看到他們一家同進出的和樂氣氛，筆者心裡湧現溫馨的感觸，印證了包租的工作是非常可貴，極富意義的使命感。

5.挺進美國，換屋包租術

案例分享3-3

　　筆者兩位朋友，一位在新北市投資30坪全新大廈，租金一萬元，想賺取穩定的收益，無奈租金實在太微

薄，還不足支付貸款，幸好早前購買，房價已翻倍，決定賣出。因孩子上大學，暑假時來美遊學，筆者陪同看屋，她發現此地房價是台北三分之一，出租容易，租金又高，選擇購買了3房2浴包租屋，月收租是之前的數倍，坐享高租金大豐收，她樂不可支，來美一趟不虛此行。

案例分享3-4

另一位朋友是公司負責人，平日工作忙碌，經常晚上11點下班回家，每年一定安排旅行犒賞自己。兒子國中畢業來美加州唸書，居住寄宿家庭，趁房價低，她也買一棟包租屋，留一間自用，集投資、出租、度假三合一屋。兩位好友授權筆者為銀行帳戶代理人，每月將租金存入，她們上網查閱，非常清楚方便。

案例分享3-5

2013年，Mike工作已滿二十五年，決定退休，但還不到提領退休金的年齡，他想接在台獨居的母親來美

團聚。母親個性獨立，行動自如，可到處走走，和好朋友聚會很方便，來美出門要開車，她不想成為兒媳的負擔，只想住在養老院，有專人照料就很舒適安心。

Mike和母親商議將老屋賣了，並將賣屋所得趁匯率低、房價低時，在美買進房地產賺高租金。四十年的老屋在大學附近，步行路程十分鐘，一個禮拜就售出，投資客想經營包租屋，分租給學生，四十坪的舊公寓想租三萬元是很困難的，他計劃改造成六間房，套房雅房各半，月收租可達四萬五千元，賣定簽約後兩位包租公各謀其利，相談甚歡。

Mike陪母親選好在市中心的養老院，交通方便，設備齊全，舞蹈班、插花班、電腦班……琳琅滿目，還提供打麻將的場地，牌搭子都不缺，每日供四餐，午晚餐都是四菜一湯，營養均衡，他很放心母親在此養老，讓他無後顧之憂。

當時台幣升值，與美金匯率為1：29，他將售屋得款的三分之二，兩千萬台幣留給母親養老，只匯出了一

千三百萬台幣，約美金440,000元，購得市中心4房2浴2000呎大屋，以包租屋為理想。筆者表示目前已經營美國朋友、台灣朋友等多棟包租屋，實在沒有精力和時間再幫忙，但協助他達成包租屋理想時，筆者和他暢聊一小時經驗談，當他津津有味聽完後，收穫豐富、笑容滿面說：如果筆者出一本「包租秘笈」，他一定會買，若本書得幸出版，還要謝謝Mike的善心提議呢。

2017年，這棟房價翻了兩倍，租金較上班族的薪資毫不遜色，他當初作的決定締造了三贏：母親老有所養、Mike正可充分利用金色年華圓滿夢想，不至虛度，並且「屋」盡其用，創造了最大附加價值。

6.賣相較差的房屋絕地大反攻

就出租的觀點，包租的心態決定住房的優劣和出租率。賣相佳的房間可能相對有租金高的疑慮，筆者曾參觀過豪宅的出租房間，上等建材、一流裝潢設備的高級

套房，租金相當於租一棟公寓的價位，有行無市、空屋率高是自然的現象。反之，條件稍差的住房能退而求其次尋找另一類租客，無需堅持某種價位，才能克服先天的頹勢，挽留住好房客。

案例分享3-6

Nick的住屋緊臨高速公路，又將最小的房間出租，薪優的上班族不會選擇此類租屋環境，學生租客性格單純，仍不免抱怨空間小又吵，但眼看租金便宜，房東又多所關照，才壓抑住搬家的念頭。

案例分享3-7

Olivia於1999年投資3房1浴的獨立屋，買價250,000美元，而3房2浴的獨立屋要價300,000美元，她心想是整棟出租，少一個衛浴沒有差別，並且節省50,000美元的資本也是不錯的，沒多考慮到出租給一家人，共同使用一套衛浴設備是非常窄迫，也非常難租出去的。

　　整整招租了一個月，冷冷清清門可羅雀，終於有一家三口上門，精明的男主人拼命地挑剔，只有一個浴室不敷使用，實在太不方便，硬是狠狠殺價幾百元，若不是為了投資賺取差價，何須為這區區房租被嫌棄得一文不值？她壓抑住忿怒不得不簽約，臉色陰暗地整顆心沉到谷底。

　　一年約滿，房客還想繼續佔便宜要求續約，她已硬生生嚥下滿腹委屈一年，不願再挨打，向他提高租金，主動要續約的對方瞭若指掌，吃定她所處的弱勢，一口否決，完全沒有議價的餘地。她這才瞭解當初買價只差50,000美元，如今3房2浴已上漲超過450,000美元，而她的房價仍只值300,000美元出頭，漲幅差距大，租金差距也拉開，她這個像是矮人一截的房東，不甘心繼續廉價出租給原房客，但因為房價上漲不足，不續租又擔心空屋，也許又會再度碰到一個殺價客，重蹈覆轍，那又何必換湯不換藥？彷彿節節被逼退，毫無反擊翻身的能耐。

筆者建議她花些資本轉型為包租屋，生氣不如爭氣，一個月後她再也看不到那欺負人的嘴臉，嶄新的局面正迎接著她。由於原屋主在後院連著客廳申請加蓋一間，全棟重新設置衛浴，包租租金遠遠超過之前被砍得痛心的區區1500美元之上，扣除開銷，較整棟出租收益增加，最重要的是擺脫受氣、受威脅、低人一等的處境，將先天的頹勢逆轉為主導，變成是房客要一一登門請求了。

7.包租是穩健妥當的經營事業

案例分享3-8

Richard於2000年買進的兩棟獨立屋，2005年均翻倍賣出，他平日朝九晚五工作忙碌，不想再經營出租房屋事務，見2006年股市大好，他將賣屋所得買了近百萬的基金，坐享其「錢滾錢」之收益。2006年至2007年這兩年，眼看著雪片般飛湧而來的厚利樂不可支，為自己

深諳投資理財之道沾沾自喜。

投資忌貪，若無法克服人性弱點，見好就收，採取按部就班、穩紮穩打的態度就必須付出高額的代價為自己上一堂寶貴的課。2008年因次級貸款風波衍生的百年一次金融海嘯劇變，股市全面崩解，基金、股票和房地產似骨牌效應接連倒地，投資人驚惶錯愕、逃離不及，R君的「百萬基金」遇上「百年金融海嘯」潰不成軍，所剩寥寥可數。

筆者勸進將慘賠基金僅存餘額，待房地產跌近尾聲時再買進投資。Richard於2013年初終於等到時機，投資了位於市中心、商場對街、建築材料和設計均佳的公寓。2015年美國景氣復甦，就業市場活絡，工作機會增加，新移民大量湧進，當時以200,000美元買得的公寓，如今2017年已翻漲兩倍的價錢，租金更是大幅度上揚。回首來時路，他深刻感受也深深地感嘆：繞了一圈還是回歸房地產──最具保值性、自住出租兩相宜，和其他各類型投資標的物相較更穩定妥當，不至於人

間蒸發、化為烏有，再也不作一步登天、一本萬利的幻夢了。

案例分享3-9

筆者的朋友為仲介業，本身有投資房地產出租，辛勤工作二十年後退休，專收租金渡日，由於是整棟屋出租，租金頗高，必須租給夫婦雙薪收入較高的家庭，較不容易租出去，因此向有關單位申請專門租給低收入戶，承租者以低廉租金租得房屋，其餘的差額由政府補貼給屋主，既可提前享受退休的輕鬆自在、生活不虞匱乏，又可幫助收入較低的家庭抒解住的煩惱，助人利己，一舉兩得，實在是非常正確的選擇。

8.包租的經營理念越單純越好

案例分享3-10

Stella於2005年進場投資房地產，因嚮往便利的生

活環境，選擇有「小台北」之稱的華人聚集精華區──兩大中國超市、各家餐館、商店及幾家銀行都匯集在一起，就如同在台北生活，非常方便。此區獨立屋房價已達600,000美元以上，因資金有限，不想負擔較多貸款，她買進400,000美元的公寓，起初租金可支付貸款，還貼上管理費和房稅，只盼望房價漲幅可抵消所有支出，一切的心血都值得了。

因是第二棟投資屋，利率較第一棟自住屋高，且只有第一年固定，2006年起利率浮動上漲，貸款超越租金，房價雖微幅上揚，但扣除仲介費仍虧本，更何況還貼上一年的管理費和房稅呢。無奈2007年房價開始下滑，她不甘心投資失利，苦撐到2008年，房價跌到300,000美元，每個月貼租金與貸款差額、管理費和房稅，已貼到無可再貼的地步，終於認賠殺出，終結了三年的噩夢，付出昂貴又沉痛的代價。就包租觀點來說，整棟出租收益不如運用包租型態收益高，而公寓住宅有管理委員會，絕對無法運用包租模式增加利潤，如果投

資公寓，需要在低價位時進場享高租金報酬；如果高價位購買，想以租金來支付貸款，就必須是獨立屋，即使房價回落，仍能採行變通的方案負擔貸款、房稅等所有開銷，保住房屋。

案例分享3-11

2012年Tiffany想趁房地產觸底進場，無奈手上現金不足，她想以現金購屋，還可能殺個好價錢，找好友集資共同購買，Vivian起初有些猶豫，但資金放在銀行沒有利息，一時也不敢投資其它標的物，她不想掃朋友的興，況且房價的確相當誘人，3房2浴的獨立屋跌回12年前的價錢僅300,000美元，心開始蠢蠢欲動，倆人如願以償地將殺價得到的一萬元，再加上工程費規劃包租屋，每月扣除開銷，各可分享包租租金豐厚的利潤。

如今2017年房價翻漲兩倍，租金也順勢大增，正當沉浸在歡喜的氣氛中，Vivian想將漲得收益和頭款取回，與男朋友買房結婚，可是出資多的大股東Tiffany無

法拿出數十萬元買下她的股份,也不願意賣掉每個月會
生出花花綠綠鈔票的金雞母,原本是多年好友才會合
夥,卻忽略只要涉及金錢,好友也有利害關係的衝突。
筆者以為購屋出租,理念越單純越好,作能力範圍內的
經營,無論是貸款或是現金購屋都必須多加考量,才能
獲得穩定長久的收益。

案例分享3-12

　　2015年,筆者將兩棟3房2浴的包租屋賣掉,從1999
年買價250,000美元,2005年漲至500,000美元,2010年
又跌回買價,2015年又再度衝高,趁勢將兩棟屋賣出,
將利潤回饋給投資金主包租教母,我卸下責任也稍微減
輕了些負擔。高峯時,眾多包租屋的服務管理的確讓我
喘不過氣,介紹而來的朋友大都是2010年後低價撿便宜
的寶貝屋,華人生財腦筋最靈活,如何博得最多的利
益,向來都會認真鑽研。筆者盡可能分享包租心得,但
會讓本身扮演的角色越單純越好,專心照顧自住屋的這

批死忠的房客和朋友所托的包租屋足矣，這幾間包租屋可說是筆者平日生活重心，忙碌中有安慰，因為房客都很自律，不需要過多管束，房租都按時繳交，從不需要擔心，生活充實又留存了些美好記憶，應是遠高於金錢之上的收穫呢。

案例分享3-13

筆者的一位好友於2010年金融海嘯後房市最谷底的時機，低價買進內華達州拉斯維加斯市區的全新公寓，他購買十戶，總價500,000美元餘，每一棟房平均單價僅50,000美元，交由仲介包租管理，全權負責，如今2017年這批包租房價已翻漲數倍，這位好友坐在家中，房客自動送上租金，供他四處悠遊，今天住美國，下個月飛香港看兒子，再下個月又飛歐洲度假，不亦樂乎。當時他們夫婦倆邀筆者一起前往加州首府、內陸城市和拉斯維加斯市區等「房地慘」地區考察，因對居住地以外其他城市的環境、區域完全陌生，筆者並不敢危機入

市、大膽投資，只是秉持單純的信念，專注於份內、熟悉、可完全掌握的事務，穩健妥當地經營包租，一分耕耘一分收穫，至於那天上掉下來的禮物就屬於幸運兒的福份了。

包租的致勝生財術

1.精選物件

★鄰近購物商場，租屋強強滾

　　本地中港台三地移民人口眾多，所以北中南三區都設有中國商城，購物方便，租屋靠近商店、超市、餐館等，適宜居住，肯定受租客歡迎。中國商店裡商品種類多，樣式齊全；超市的食品無論是蔬菜、海鮮、魚類或是零嘴、點心，種類繁多，遠超過美國超市販賣的水準，較合乎中國人的選擇；酒樓、餐館大宴小酌，滿足家鄉美食的口味，一解鄉愁。

　　筆者的包租屋都位於南區，近兩大中國超市，自住屋位市中心，距中國超市僅三分鐘車程，都是受到租客

歡迎的生活環境，只要選擇近商店、超市的租房，包租已掌握絕對致勝先機。

★購買大屋包租，租金報酬率高

在投資包租屋時，最好選擇4房2浴大坪數的房屋，如果院子又大，可提供停車空間。筆者擁有的包租屋都只有3房2浴，但原屋主在後院與客廳相連申請加蓋一間房間，由於側院還算寬闊，可容停車，因此重新將空間巧妙充分運用，提供餐廳廚房滿足房客需要。

如將3房2浴整棟屋出租給一個家庭，租金僅是普通價位，大約是2000美元，改為包租屋後利潤跟隨提升。而4房2浴大坪數2000呎大屋，整棟出租租金約是2500美元，改為包租屋後租金收益更為增加。

筆者位於市中心的包租屋是5房2浴2000呎以上大坪數的房屋，原屋主在後院申請加蓋兩間房間，側院非常寬敞，可供停車，因此整棟房屋有三個出入口，房客各有獨立出入，筆者享有足夠生活的空間及收納雜物的儲

藏設施，租金報酬較整棟屋出租豐厚許多，和上班族薪資相比，不至於遜色太多。而為好友經營的包租屋，也都是依照理想的包租屋條件而選擇購買、變化全新的空間。

2015至2016年房價又創高峯，筆者位居的城市學區、治安都相當不錯，如果投資出租屋，筆者建議選擇第二志願學區屋，房價較低，負擔較輕，扣除貸款、房稅、水電等支出後，盈餘自然較豐厚，目前約800,000美元還可買到2000呎的大屋，有前後庭院，還有可停兩輛車的車庫，寬敞的優勢條件可完整運用，如包租租金穩定，以年收入租金除以房價800,000美元計算，投資報酬率為7%，當然還需要扣除所有支出才是淨收益。如投資第一志願，都在百萬以上的明星學區屋，房租非常高，例如雅房，此區平均租金為800美元而其他區則是600美元，套房租金高達1000美元，而其他區則是700美元，但還是需計算租金報酬率，若是低於4%而忙進忙出張羅所有事情，還不如整棟出租。此地租金跟隨房

價高漲，招租廣告登出後20分鐘，電話鈴聲不絕於耳，房客絡繹不絕，搶租一空、供不應求，筆者打趣真恨不得多變幾個房間來出租呢。

★房價是台北三分之一，租金多三倍

相同房價，美租金多三倍

位置	坪數	房價（台幣）	月租金（台幣）
北市大安區	12坪套房（無停車位）	1200萬元	15,000元
加州科技城	20坪公寓（附停車位）	1050萬元	45,000元

相同坪數，美租金多三倍

位置	坪數	房價（台幣）	月租金（台幣）
北市大安區	60坪大廈（含公設6坪）	6000萬元	60,000元
加州科技城	60坪獨立屋（無公設實坪）	2400萬元	170,000元

根據上表，在美國此地投資800,000美元，約60坪的大屋包租，合台幣才2400萬元，月收租金估算

170,000台幣，年收200萬台幣。反觀台北市房價居高不下，筆者所住的大安區40坪的公寓要價3、4千萬是很平常的事，60坪的公寓大廈，沒有5、6千萬絕對買不到，更不要說全新一坪150萬的房價和信義區上億的豪宅了。而一間12坪大的套房，扣除公設，室內才6坪，小得可憐，租金頂多15,000元，因靠近捷運，竟然賣價1200萬元，而在美國此地只需350,000美元可買700呎，約20坪的公寓，換算台幣1050萬元而已，至少可收租金1500美元，折合台幣45,000元，每一戶附贈停車位，親朋來訪另外還供應車位，不像台北需額外再買停車位，又是幾百萬的負擔，而租金收益也少得可悲，只有此地的1/3，並且招租還有乏人問津的情形。筆者大安區的住家對面公寓40坪租25,000元，招租了半年租不出去，只好分租，雅房5000元，套房也頂多10,000元，筆者的八十高齡包租教母，在師大附近的套房也招租困難，閒置了半年才不得不降價租出，結果一年約滿再續約又被殺價，這相對於美國真是天壤之別。

★停車位和好鄰居絕對不能少

包租型態的住宅為滿足房客居住的便利性，必須留意停車位的需求，筆者經營的包租屋大都座落在巷道內轉角處，附近停車位充裕，經常是擁有整排的房屋側面都可自由停車的公共空間，因此在投資包租屋時，需特別選擇可提供此類便利停車的條件，這個小細節具有重要的實用性。

還有一個條件也不可或缺，在投資包租屋時最好先瞭解附近的居民素質，再進一步打聽隔壁左右鄰居的情況，是否親善和氣好相處，因包租屋出入活動頻繁，需要好鄰居的包容，因此敦親睦鄰，與街坊擁有和諧的關係與包租經營長久息息相關。

2.挑選房客

早前憑藉口耳相傳和初始的美好經驗，筆者一直以

來都是世界日報刊登廣告的擁護者，也是由此媒介而來的房客的愛護者，讓包租有一個完美的起點，也的確遇到了非常多的好房客。因房客來量大，各行各業都有，經驗增見識，標準逐漸成型，篩選出最適宜出租的人選，才是經營包租長久之道。

其實職業、學歷甚至收入不能完全決定個人的品質，如以此斷言個人失之偏頗也非公平，但就包租的立場而言，可能就必須實事求是，以現實考量不可。上班人士生活規律、自制守份、性情平和、習慣也較良好，口碑公認，一再證明經得起考驗，也因此成就租屋市場最大宗、也最受佳評的首選客。

3.刊登廣告

在報紙刊登廣告，漸漸地似乎不再能滿足包租的嚴謹要求，各行各業人士繁多，從中挑選須耗費許多精神、時間。後聽取建議改登網路廣告，效力大且自動篩

選理想人士，一舉兩得。網路廣告效力果然宏大，各類人士應有盡有、電話絡繹不絕，與筆者的完美理想實有差距。因初使的美好租房經驗深植於心，加上我們是外來移民，對其他人士的生活習性、性格特質並不瞭解，怕一閃失、稍有誤解，會格格不入而心生戒惕。因此對各類人士的詢問，一律禮貌的應對答覆，稍後會讓屋主回覆，以增加房客登門看屋的包租成功率。如此委婉溫和挑選房客的方式，可自動過濾人選，而留置理想的、熟悉的、可掌握的房客任包租精選。

★刊登廣告的必勝絕招

廣告效力宏大且自動過濾人選的訣竅，在於廣告所用的文字，藉以吸引符合包租期望的理想對象，主述的任務還是以親切的共通語言來完成，詳盡地介紹住房是否附帶傢俱，方便入住；面積的大小、採光通風良好；並提供各項如暖氣、洗烘衣機、高速網路、廚房等設備滿足生活所需；環境便捷的優勢如近超市、高速公路都

須註明，以吸引廣大的目光、源源不絕的人士而來。包租與房客具備相同的背景、文化、語言和生活習慣，無論如何，熟不熟三分親，「自家人」的選擇一直以來是包租的最佳聚財利器。另外還有一處刊登廣告的地點，就是各大超市大門入口處旁的廣告佈告欄，刊登一個月的廣告費用僅寥寥數元，較刊登報紙廣告費用動輒上百美元經濟實惠許多，且效果還算是不錯的。值此景氣復甦，經濟前景看好之際，據報載「2015和2016年的加州地區工作果然好找，為全國最佳就業市場之一」，評鑑機構研究全美150個城市，本地響譽名聲的高科技城市列為第九佳城市，是全國最好找工作的地區之一，工作機會多，自然大量人口湧入，因此平均每天都可接到租客的電話詢問，往往很快地、很輕易即可挑選到滿意的房客。

4.包租方案

　　2008年金融海嘯後，房價低檔盤旋，經濟不佳，房客租房為節省開銷會屈就較便宜的租金，不得不選擇雅房，與室友共用衛浴，但帶衛浴的套房依然搶手，2013年起經濟復甦，房價扶搖直上，租金跟進大漲，雅房租金較價廉仍比較不受青睞，為租客次要的選擇，而租金高昂得驚人的套房則供不應求、租客「搶租一空」。筆者早已掌握租客的心理，無論經濟好壞，消費者的訴求始終如一，每位房客都希望獨享自我的空間，自用的浴室可自在地隨時使用，因此在選定包租屋時必須以旅館為設計藍圖，提供完整設備的包租房，具備衛浴、冰箱、微波爐、高速網路和暖氣等齊全的設施滿足所有房客，使房客無可挑剔、無後顧之憂，增加房間租賃的勝出率。

★優質套房，貼心又搶手

　　若是坪數不大的房屋（如3房2浴的房屋），受限於空間，房間內不得享有浴室為「獨浴套房」，筆者就退求其次尋求「獨廁套房」的規劃，如空間允許，盡可能將廁所納入於房間內，讓房客使用方便，隔鄰室友的浴室是整套衛浴設備，因需共同使用淋浴設備，（以兩人使用為限），只得安排在房間外，也必須緊鄰兩個房間，兩人除了共用淋浴設備，都各自獨享獨廁的便利，區隔不同的衛生習慣，如此包租形態的用意是以租客的最佳利益為先，較容易贏得房客的好感，出租無往不利。

★租金高，回報期快

　　4房2浴大坪數的房屋，寬敞的空間占盡優勢，有充分發揮包租概念的條件，無論是獨廁套房的理念，兩人一組為一個單位，工程費大約是12,000美元，月租約

1400美元；最大的利潤來自於迎合租客心理、人人喜愛的獨浴套房，工程費約25,000美元，月租穩定的收益扣除水電、網路、維護修繕、垃圾處理費等固定開銷，大約一年回本，如再精算加上貸款、房稅、保險等支出，平均一年半可回本。

5.管理服務

包租提供房舍，在此生活的房客才是真正的主人，不能視為員工、下屬，與其說「管理」不如稱「合作」。因同住一個屋簷下，彼此生活作息關係密切，互有影響，包租須懷著熱忱、感謝能有為房客服務的機會，時時關照提點，取得房客信任，共謀和諧、讓包租與房客以及房客彼此間有良性互動，才能共生共榮、歷久彌堅。

（1）溝通要領：

　　帶人要帶心，瞭解其需要、解決困惑，房客對屋主自然有向心力。一般來說，中等年齡層房客樂於接受勸告、易合作、溝通上無往不利。偶遇年紀稍長房客，筆者好言提醒建議，不以為然的神色，讓筆者決定由「關心需要」的角度來重新對待，讓房客卸下了防衛面具，先入為主的成見也消弭於無形，獲得配合支持，歸隊好房客之列。

（2）疏導協調：

　　室友隔鄰而住，最容易發生的問題就是噪音，各種電視、音響、說話聲、手機聲，有時會影響安寧。加裝隔音設備情況下，一般可避免問題發生，但聲音過大或時間過久，還是會帶來困擾，影響睡眠屬最嚴重。

案例分享4-1

　　兩位彼鄰而居長達兩年，都屬個性溫和、自制的好房客，一直以來相安無事。後來，一位房客午夜與朋友通國際長途電話，聲音過大，干擾清靜，另一位隱忍一段時日後不得不投訴。筆者自責未盡關切責任，急速向隔壁探詢，也獲當事人承認確有疏失，同意改變通話時間。

　　過些時日再向隔鄰詢問，知其通話時間改在早晨上班前六、七點，尤讓隔鄰頭痛的是在假日時聽來分外刺耳。筆者再度請求配合，不料平日客氣的這位房客卻惱羞成怒，以為又遭隔壁告狀，故意挑剔。就事論事，筆者認為通話時間過早過晚都不適宜，他無奈地表示無法克服時差問題，不如搬走，可解決兩難。

　　就包租而言，願意接受改變、以求適應的都是好房客，除非屢勸不聽，否則一動不如一靜。房客換新環境，也許要面對相同的情形，房東換新房客，也許又發生相同的問題，對待房客一視同仁，不輕言放棄、換人

了事，解決問題，才是雙贏。筆者協調最後結果，這位房客同意將通話場所移往戶外，網路通話品質尚佳，解除了此次紛爭，重新恢復和諧在於取得房客的認同，信任筆者以共同的利益設想，不偏頗任何一方的。

案例分享4-2

　　這位女學生文靜沉默，臉上不露表情，說話慢條斯理，起初的印象尚佳，溫和安靜的房客總比大聲聒噪喧譁的房客要好。因為她的房間鄰近洗衣間，她一早出門上課，每晚十點鐘就寢，另一位房客是早出晚歸的上班族，早上七點出門開車一小時到公司，晚上十點才回來，假日不是加班就是回大城市看望家人，實在抽不出時間洗衣，只好在晚上十點後洗衣。因妨礙了別人的睡眠，這位女學生多次投訴，筆者屢次勸告這位男士，他幾番道歉，但還是無法改變洗衣時間，後情況越演越烈，有時甚至延至十一點接近午夜時分，洗衣機還隆隆作響。終於兩人爆發了衝突，安靜斯文的女學生大聲抗

議，激烈怒罵這位男士，室友通知筆者趕到現場，兩人正上演全武行，包租型態中噪音的產生屬最頻繁，採行處理的方式就是遵行合約，嚴格禁止晚上九點後洗衣，筆者勸解安撫女學生的情緒，請男士到外面二十四小時開放的自助洗衣店洗衣，解除此次紛爭，維護安寧的居住環境是包租的重要責任，必須盡快處理，平息房客間緊繃對峙的氣氛。

（3）預防麻煩：

適當的篩選房客，避免不肖房客入門，「預防甚於治療」，才不致「請神容易送神難」。除了從面談觀察，仔細過濾房客，訂定合約就是最有效預防的方法。準備完整的合約處理各種情況，一份完備的合約，是在正式核定的合約以外再附加包租型態必要的條約，以作為房客須遵守的生活規範依據，可因應各種的狀況發生。清楚載明要求條件，一旦當事人簽定，萬一有違反情事，必要時可依約執行，避免困擾。

①抽煙、酗酒、吸毒或賭博、打麻將這些不良生活
習慣，嚴重影響公眾利益之行為，明文規定禁
止，必要時可進行良性勸導搬離。

②使用電熱器，引發跳電、24小時保溫電熱水瓶、
電鍋，這些耗電用品，房間內明文規定禁止使用。

③檢查修繕或緊急情事，屋主必須進入房內，明文
規定禁止私自換鎖。

④洗烘衣次數，每週不得超過兩次，開放時間嚴格
規定，違者影響安寧，處以罰金。

⑤各種電音設備，舉凡電視、電話、音響和說話音
量，不得妨害安寧，這項發生率最高、也最容易
造成困擾，須嚴加防範，避免衝突。

⑥少訪客、禁止過夜，包租房最需要安靜，房客經
常呼朋喚友、夜夜昇歌的情況絕對嚴格禁止。

⑦房客須維護公共空間，廚房和浴室清潔，自行維
護房間整潔，搬家時必須還原屋況。

⑧房客搬家須提前通知，並開放給房客看房的權

利，直到房間租出為止。

⑨合約以月租計算，最後一個月未住滿，等同自動
放棄權利，不得退租金。

⑩以上條約若有違反，得依照合約執行罰金或請求
搬家之動作以遵守規範。

（4）排除麻煩：

案例分享4-3

明文嚴禁抽煙，但仍有意外狀況發生，一位工程師
房客，生活規律、情況良好，但入住幾個月後，開始在
房間抽煙。起初採柔性勸導，效果不彰，整個屋子都佈
滿二手煙，嚴重影響公眾利益，筆者只得依約執行罰金
處理，重罰果然收嚇阻之效。

案例分享4-4

另一位房客的情形和前位雷同，搬入時表示不抽
煙，人也客氣有禮，與室友相處良好。一段時日後換了

新工作,改變生活習慣,早出晚歸,夜晚開始在房內吞雲吐霧,屢勸不聽,處以罰金,仍改不掉惡習,不得已,筆者只得遵行合約,請求搬離,收回房間。

案例分享4-5

Wilson出租一公寓,合約並無附加載明「禁止換鎖」一項,以致房客一遷入即刻換鎖。修繕等情事,都須等待房客在屋內才能進行,時間安排上著實不便,過了一年,倒也相安無事。

第二年,Wilson眼看房價開始下滑,希望租屋、賣屋同時進行,能一邊賣房並且有租金償付貸款。他決定租金降價,且百般拜託房客開放讓買主看屋。無奈屋子已換鎖,想續約的房客不配合的情況下,屋主或仲介、買家是不得進入屋內一步的。

賣屋無法進行,只好請房客搬家,房客竟謊稱已找到房子,但手頭緊迫,無法付訂金,可否先退還押金?他一心只想將房客請走,趕快賣屋,依照要求退還押金

後，房客索性要賴，既不交房租也不搬家，Wilson始終不得進入屋內，只能望屋興嘆。

他不得不請律師驅趕，勞命傷財，備受折騰。歸咎原因，如合約明定「不得換鎖」等事項，也許可避免糾紛，押金是包租的籌碼，堅守搬走時才退押金，可約束房客、保障屋主的權利，不可不慎。

（5）必要措施：

「以和為貴」為經營包租之道，房客得以安置、屋主得以聚財。若居住安定，每一位房客都可能是貴人，都可能為包租創造長久穩當的財富。偶遇不速之客，以平和的方法對待，包租是自營事業，和氣才能生財，也才能靜心處理突發狀況，化矛盾為平靜、圓衝突為祥和。

耐心勸說、處以罰金是循序漸進的步驟，視成效而定，「良性驅逐」則是最後一道措施。不必與房客動怒，傷了和氣，也許結怨成仇，徒增困擾。

6.辨識房客

除了從職業、年齡、甚至學歷這些條件來篩選房客，一個人的性情也是幫助判斷的依據：

（1）個性溫和者，說話大都不緩不急，氣韻平靜，思緒較周密、謹慎，可能要求仔細，尋求的住房條件會同時注重設施和價位，缺一不可。

此種房客只要選定房間搬入，一般穩定度高，也不致挑剔難纏，反而日久見人心，慢慢地釋放平和無爭的性情。此類型房客尤其表現在上班族人士頗多，屬於慢熱耐住型。

（2）個性爽朗者，說話聲音宏亮有力，思路快，表情、肢體語言豐富、易親近，多屬從商或自行經營企業人士，對住房條件不會特別要求，決定明快、也較少殺價。一般來說好溝

通、易達成雙方滿意的目標。

　　但經驗顯示個性明快、果斷者，出爾反爾的傾向偏高，可能是性情較急促而無心留意細部，情緒衝動地作了決定而後悔。在接觸這類的房客時，筆者會多留時間觀察，確定其心意穩定後才協定租房，以免徒勞無功，浪費雙方精神時間。

（3）還有一種屬於寂靜沉默的個性，此特質的人說話非常慢，聲音、表情冷靜異常，幾乎是不帶表情、沒有笑容，詢問、回答問題考慮很久，猜不透心理真正想法，一種冷漠的氣氛包圍著，令人疑惑。

　　筆者曾遇過此類租客，提及過去租房歷史，因房客間發生爭執，屋主收回房子，而不得已搬家。根據筆者判斷，其奇特的個性，可能就是與房客發生爭執的當事人，經驗顯示述說別人如何如何，往往多半自己就

是招惹事端之人，將責任推給他人罷了，此
類陳述過去租屋的情形時有所聞，應有所警
覺慎防。

案例分享4-6

包租早期曾遇自營小企業者，性情爽直，未料有惡
意拖租的狀況，明顯違約，且態度傲慢無禮。三個月的
觀察期過，情況依然未見改善，決定請求搬家，卻遭抗
爭勒索，須支付相當金額才同意搬家。此種無賴還不值
得動用律師，只得依合約執行搬家驅趕之動作，令其知
難而退，送走惡房客，記取經驗就是收穫。

案例分享4-7

此位男士含蓄謙和、知書達理，談政治、時事、社
會現況，鞭辟入裡且有本身獨到見解，是受過良好教育
之人。無奈卻由會議團隊中脫隊，沒有身份，無法找尋
正式工作，經教會幫助，有一份微薄的收入。

住進月餘，室友反映晚上不得安寧，經實地瞭解，驚人地發現其沒有訪客、打電話閒聊之情事，無論是在房間或是浴室，密閉空間內就開始喃喃自語、無法停止。透過詢問才知停用經神病用藥已久，生活壓力使病情加劇。房內堆滿各式破舊的傢俱、用品、冰箱裡的過期食品都是夜晚在各垃圾箱尋獲的成績。

以包租立場須為公眾考量，只得請求搬家，其一再請求留下卻無法自我控制，只得威言嚇令將其驅逐，這段插曲在包租的歷程留下特別的一筆，也更警惕留意房客精神狀態，如有細微敏銳度，寧可多疑，小心為上。

案例分享4-8

這位年輕人自稱是學生身份，家庭狀況良好，也溫和有禮，租定簽約時表示有時會小酌一番。不料與事實出入太太，不但未就學且每日濫醉昏睡，房內酒氣沖天，一個月垃圾桶竟堆有幾十個酒瓶。事態嚴重，說謊、違約且已成酒癮，無法戒除，見其生活拮据，貼補

一些費用請求搬家。大多數單純自重的學生房客是受到
歡迎的，但漂浮的年輕人經不起壓力、誘惑，失序的行
為足以成為包租注意觀察的要件。

案例分享4-9

　　這位碩士生，看房時仔細詢問各種事項，對租金
價錢、停車位等多所堅持，精打細算的性格已令筆者警
覺，她要求先住一個月後就搬離，接著男友再搬進來，
雖屬精明個性，但仍然是身份單純的房客，仍答應讓她
搬入。此類情況以筆者經驗推敲，可能是未經現在房東
同意，她偷偷入住男朋友房間，房東知道後要增加倆人
房租，租房以單身定價，再增加數百元不等為雙人入住
的收費，雙方價錢談不攏，不愉快的情況下而決定搬
出，有些租房合約載明搬家須提前30日通知，因此承租
人即這個男學生必須一個月後才能搬出。

　　此類未告知房東，偷偷入住承租人房間佔便宜的
房客，筆者遇過幾次，不知是剛好碰巧都發生在女生身

上，還是天生性格比較起男性來說更善於精打細算，經查詢偷住者承認還算是可以溝通的，按照居住時日增收費用，最不能理解的是每天早晨倆人同時出門遭筆者看見，竟然還可以矢口否認同住，筆者只得在一大早直接敲門探訪，當場讓倆人啞口無言，這類不誠實、只想佔便宜的行為是應嚴正禁止的。

包租實戰答問錄

Q1：經濟不景氣，房客猛殺價，該如何討價還價？

A：殺價是消費者正常心理，尤其在不景氣時，應以平常心視之。一般來說，在瞭解租金行情的情況下，稍微提高些訂價，有點高又不會太高的價位，若讓租客殺點價，有划算的感覺而滿意，又不致因訂價偏高，讓人連殺價的興趣都沒有，這樣一來皆大歡喜，不失為包租的一項技巧。當然，也碰過亂殺價、殺得離譜的精明租客，筆者秉持著一貫的態度，面帶微笑就是最好的拒絕，因為好房客一定在後面等著呢。

Q2：如何挑選好房客？

A：挑選好房客的要件：

1. 職業類型：上班族日出而作、日落而息，規律的生活，不會打擾安寧，永遠是首選。

2. 中等年齡層的租客，個性較穩定，即使發生狀況時也會正常付房租，工作也容易再度接軌。

3. 具備基本教育程度的房客，容易溝通，規矩、有禮貌較佳。

4. 沒有不良習慣，如抽煙、喝酒、賭搏（打麻將）、嗑藥等。

5. 說話態度誠懇、舉止莊重自然、眼神不閃爍游移者較令人信任。

6. 性情較平順，易與室友和平相處，願配合，服從管理規定的房客。

7. 以單身為佳，安靜、少紛擾不會影響居住品質。

Q3：房客兼作二房東，該如何處理？

A：1. 租約裡可附加載明，禁止房客兼作二房東，若違約得令搬家、沒收押金。

2. 如徵得房東同意，租約須載明其房客使用毀損的設備，由二房東負責維修，因器具耗損率與使用率有關，越多人使用，耗損率相對提高，須由二房東概括承受。

3. 租約須載明二房東搬走時，屋主有權決定其房客的去留。

Q4：房客長期失業，該如何是好？

A：不景氣時工作難免有變動，若房客原有工作且個性誠懇穩定，即使失去工作，仍會按時交租。若在面談時就沒有工作，不予以考慮，寧可謹慎為上。

Q5：房客常打手機，影響隔壁安寧，該如何是好？

A：分租經驗中常發生的情況，合約載明說話、講手機聲不得妨害安寧，但仍難免發生，通常請房客注意通話時間，不宜過早、過晚和過長。若未見改善，則規勸到戶外說話，以維護居住品質。

Q6：房客在室內抽煙，可請求其搬家嗎？

A：若房客明顯違約，處理步驟：

1. 先軟性規勸。

2. 可以罰款嚇阻其行為。

3. 簽訂合約則依約執行溫和勸離，請求搬家，將住房收回，而不致影響其他房客權益。

Q7：房客常常洗烘衣，一週數次，該如何是好？

A：合約載明一週洗烘次數，若違反規定仍先軟性規勸，再犯則重罰。筆者的經驗，曾有房客居住一段時期後，一個月洗烘次數高達十幾次，嚴重違約，施以罰

金有收嚇阻之效。若其不接受罰金，選擇搬家，期待下一個房客會更好，寧缺勿濫是必須堅持的原則。

Q8：房客訪客多，高聲喧譁，影響安寧，該如何是好？

A：合約載明少訪客、禁止過夜，若規勸不從，嚴重影響安寧，依約執行予以收回房間，寧可再度出租也絕不寬容此種行為。否則其他房客受不了吵雜的環境而求去，這就是犧牲好房客，姑息壞房客。

Q9：經營包租，該如何規劃住宅，作最有效的利用？

A：1. 因應不景氣，分租人口大增，為了讓住屋發揮最有效的利用，創造最大的價值，採行包租的方式，將空間作充分的分配規劃，有效締造豐富的營收。

2. 將原本4房2浴的房屋，經設計變化為獨用衛浴的套房或兩人分享一浴的雅房，各有獨立出入門戶、廚房共用，但以少炊的房客為主的包租屋。

3. 房客成員面談時嚴格過濾、謹慎把關，非精挑細選不得入其門，因此識人的獨到和判斷的準確須隨之成熟。

4. 招租程序完成，正是管理服務的開始，事項瑣碎卻不複雜，可增加處理事情的耐性、溝通協調的能力和學習解決問題的方法，如果能和實際金錢的收益同時俱進，那就是成功的包租王。

Q10：如何選擇適合包租的住房？

A：1. 包租房最大的價值就是高報酬率，包租的利潤遠超過整棟屋出租，因此屋主須付出相對的工程費、包租管理服務的時間和精神的準備。

2. 4房2浴2000呎（約60坪）的房屋包租賣相較佳，可創造高利潤，大房的附加價值是相對的，「大房好辦事」不無道理。

3. 近高速公路、辦公室、超市、學校、購物中心，甚至公園、餐廳、圖書館等生活機能強的住房，

易受租客歡迎。

4. 附近須具備停車空間，轉角處住屋（corner）最佳，或鄰近轉角處住屋，可容納車輛停放。

5. 左鄰右舍關係著包租型態維持長久與否，瞭解鄰居的情況，敦親睦鄰是經營包租很重要的一環。

Q11：**房客濫用電氣，如何防範？**

A：電費支出有一定的額度，如超出太多，肯定是違規使用，若嚴加查察仍不能禁止，只得對違規者增收費用，視情況再採取下一步驟。

Q12：**房客帶朋友住宿，如何防範？**

A：若勸阻無法改善，只得增加租金，不可放任不管，房客無視規章、積習養成會造成連帶影響，不可輕忽。

Q13：室友間如有紛爭，該如何處理？

A：包租房的室友間有紛爭，是很正常的情形，家人都會有磨擦，更何況室友呢？原因多半是噪音，說話聲、講手機聲或電視、收音機等聲響，造成隔壁室友困擾而起紛爭。處理方法：

1. 建議包租房加裝隔音設備，情況會改善許多。

2. 關心詢問房客居住情況，發現問題，盡快解決，早日排除困擾，不致讓室友間積怨已深，日後無法相處。如造成吵架等嚴重情事或甚至房客因此搬家，損失的是屋主。

3. 如已造成紛爭，須委婉堅定地勸導干擾者，多半可獲改善。因都是經挑選而成的房客，不致難以溝通而為難屋主。

Q14：包租屋的公共空間，如何維持清潔？

A：合約載明廚浴使用過後，自行維護清潔，方便下一位使用者。但租客總是過客，不是自己的屋子，絕

不可能盡心,瞭解這層房客心理也就不會太過奢求。請專人定期清理和維修都是經營包租的成本。

Q15:包租屋的網路品質如何維護?

A:上班族和學生兩大租屋族都需要高速上網的網路設備,快速、穩定,對工作和生活非常重要。為方便使用,建議最好建立兩條網路,不致斷線塞車,維護較佳的網路品質。

Q16:仔細挑選,仍有「意外的房客」該如何處理?

A:筆者經驗中有幾次意外的狀況:

1. 此男士有固定工作,談吐誠懇,後發現經神失常,造成噪音困擾,請求搬走不從,只得嚴肅表示訴諸法律將其請走。

2. 這位學生家庭良好,單純、有禮貌,後發現酗酒成癮,只得好言勸其搬家,另貼補一些費用,房內的酒氣久久消散後才能迎接下一位房客。

3. 此位工程師收入高，租高價房，住來三個月一切良好，後開始在房間抽煙，屢勸不聽，最後只得依約執行溫和勸離，才將其請走，解除了一個大麻煩。

Q17：挑剔囉嗦、愛計較的房客該如何是好？

A：面談時如發現租客鉅細靡遺詢問的態度，此種性格就可能具備挑剔囉嗦、愛計較、精明的特質，會秉持耐心回答疑問，但一般來說這都不在筆者徵選房客的範圍內，寧可放棄，以免後患。

Q18：如何刊登廣告，最能找到適合的房客？

A：廣告刊登處決定租客的屬性，英文報、中文報、租屋網站和各大超市佈告欄等，各有不同族群前來詢問。以筆者經驗，租屋網站刊登的廣告效果最佳，以上班人士和學生居多，身份單純，可從中挑選優質房客。

Q19：**房屋租出，收取訂金的注意事項？**

A：景氣較佳時，只象徵性收取房租三分之一的訂金支
　　票，都可順利出租。景氣轉弱後，收取全額房租訂
　　金支票，仍頻遭退票，原因是不景氣時消費者更精
　　明了，下訂金並不保證房屋順利租出，「貨比多家
　　不吃虧」，又要便宜又要好的訴求更加強烈。

　　　　建議包租者在大環境不佳、消費者看緊荷包之
　　時局，以收取足月現金訂金為押金，一則避免退租
　　的紛擾、不致白忙一場，再則可起租收取租金，一
　　舉兩得。

Q20：**房屋租出，收取訂金後，若房客改變心意，要求
　　　退訂金，該如何是好？**

A：合約未詳細載明，但不成文規定，若房客於三日內
　　改變心意，是允許拿回訂金的。如超過三日又已簽
　　定合約，就必須遵照合約起租或自動放棄訂金。

Q21：房屋租出，收取訂金後，若有意外情況，房東要
　　　求退租，該如何是好？

A：合約未詳細載明，但不成文規定，若房東於三日內
　　改變心意，是允許退回訂金的。如超過三日又已簽
　　定合約，就必須遵照合約起租，不得租給別人或有
　　其他情況。

Q22：如何從租客的談話內容，瞭解其誠信程度？

A：筆者早期經驗中，有兩次印象深刻，租客面談時說
　　得天花亂墜、極其滿意住屋、爽快下訂、篤定某日
　　起租等等，當時不疑有他。過了兩天，其表示狀況
　　吃緊，可否租金降價？無奈兩日後又談其他條件，
　　希望能達成其要求。

　　　　怎知兩星期過去，其突表示因某種理由無法承
　　租，願賠償三分之一的訂金。這段期間，筆者因收
　　其訂金，拒絕數計的租客詢問電話，如今白忙一
　　場，這區區三分之一的訂金豈能賠償損失？為這幾

百元的金錢而與其打官司，連律師費都不夠，還須賠上精神與時間，不得已只得照其所求退訂，重新進行招租程序。

　　另者情況雷同，爽快下訂後即止付支票卻不告知，第二天還表示想改租另一高價的房間。隔日又再心虛地詢問所開的支票上可載明地址？並斬釘截鐵將按時起租。筆者根據上回經驗，已有心裡準備，立刻向銀行查詢支票狀況，果然不出所料。經驗累積的代價，能對各形各色的人了然於心，讓思慮更周嚴、判斷更精進，都是包租寶貴的功課。

Q23：同時兩位好房客想承租，如何判斷決定？

A：「成事在人」包租最高指導原則，如兩位不分高下，以不殺價者較為優先考慮，這並非在利益處考量，而是與租客的性格有關。若兩位條件相當，選擇哪一位都是有保障的。

Q24：兩位房客想承租，房東挑選了一位後，卻被房客
　　　要求退訂金，該如何是好？

A：天下事很難兩全，包租也是如此，有時門前寂靜，
　　有時又炙手可熱，多位租客都想承租。通常這種情
　　形，三天內改變決定是允許的，能再挽回另位房客
　　之機會卻微乎其微，租屋何其多，另者很容易找到
　　住處，只好另起爐灶，重新進行招租程序，每一行
　　業都有應負擔的成本，只有防患未然和再接再厲才
　　能順利成功。

Q25：兩任房客交接時間有衝突，該如何是好？

A：如兩任房客搬出、搬進時間無法錯開，只得以現任
　　房客為重，請新房客寬延幾日，一般來說，相差幾
　　日是可獲得新房客同意的。

Q26：**房客居住最後一個月，房東注意事項？**

A：房客搬家前，房東可發出正式書面通知，載明將收回房屋，屋內一切設備照起租時如樣，如有毀損，將扣除押金負責賠償，請房客簽名同意回函。

Q27：**房客搬家時，房東注意事項？**

A：房客搬家日，房東將檢查屋內清潔和一切設施：包括門窗、燈、電視、網路線路、浴室內設備及所提供之傢俱等是否毀損，再進行退押金的最後一項程序。若有毀損，溝通報價，雙方達成協議為止。

Q28：**面對短期出租客，房東注意事項？**

A：每年畢業季後，總有本地、外州，大量的畢業生要求短租尋找工作，從一個月到三個月不等，雖是短租，仍會查明銀行存款情況、要求性格正常人士入住，同樣簽約、收押金，依程序進行。

Q29：房客不繳房租，該如何處理？

A：房客不繳房租之日算起，房東可發出一30日前之書面通知，載明將於30日後，幾月幾日收回房屋，屋內一切設備照起租時如樣，如有毀損將負責賠償，請房客簽名同意回函，在搬家日當天可強制執行。事實上筆者經營包租多年，從未發生過這種情況，因為在第一關已篩選了正當工作、談話正常的好房客，過濾掉壞房客了。

Q30：碰到惡房客，該如何處理？

A：各形各色的房客，難免總有狀況發生，有時須考驗包租的臨場應變和危機處理能力，輕則賠償金錢，將其請走了事，重則就只得尋求法律的協助，那是最後一步，要有賠上金錢、時間、精神的心理準備。

後語──包租情緣

　　時間似細沙流逝，悄悄地掠過眼尾、鬢角，留下感懷滿盈的回憶。1995年3月8日相戀五年的倆人攜手踏上陌生的土地──美國，年輕的心是按捺不住、躍躍欲試的，下了飛機，入境大廳外是冰冷的空氣，將大衣衣領豎起，挺直腰桿，吸一口異國的空氣，重新開始學習生活的憧憬在心中綻放，那是如何的一種情懷？

　　車窗外燦爛的陽光，開闊的藍天下點點房舍，嫣然紅櫻譜寫了早春的序曲，一幢芋紫色的屋子在落櫻繽紛處矗立，那是第一個家，在那兒遇見第一位房客Alex和Kelly，單純善良的鄉親居住兩年後搬到他城買房成家，幾年後在商店巧遇，仍然是誠摯的眼神，孩子已五歲；數年後又在餐廳相遇，大兒子已小學四年級，女兒

也五歲了，時光為歲月重新抹上不同的色彩，褪去了青澀，留下了成熟，臨別時我們互相擁抱，為步入人生另一個階段而道聲珍重。

Shan和Luby夫婦全家從東岸過來，陪兒子在聖地牙哥攻讀法律博士，拿到學位後，開了十三小時的車到北加州找工作，本要去另一個城市，下錯交流道而因緣際會成為第二位房客好友，情誼在他們居住年餘，為小兒子轉換學區後仍持續滋長，就讀明星高中是父母的期望，僅給予深深祝福。

時間染成兩鬢薄霜，刻印在額頭細細的紋路，兩人由中年盛世邁入黃金年華，兩個孩子各在專業領域發展，也都添了孩子，這漫漫二十年關心的話語、及時的幫助，友誼的種子抽出嫩芽，向著溫暖滋潤的土地點點滴滴澆灌為樹，蔚然成蔭。

金融海嘯後，政府機關、公司紛紛裁員，Nina老師在這波不景氣中不幸連續被兩所高中資遣，儘管費心地將一群平庸的學生帶領出優秀的成績，卻遭這番無情的

巨浪淹沒，心裡充滿無奈。從十六歲來美寄住親戚家庭，四十年的歷練已讓一個青春少女經歷妻子、母親蛻變為一個獨立堅韌的女性，很快地也很幸運的找到中文老師的工作，成為了親切的房客好友。

樂觀開朗的Nina大學畢業遇見了又高又瀟灑的男朋友，純真的心嚮往愛情，婚姻卻不如想像的美好，先生自我的性格並不懂溫柔體貼，孤傲的態度讓Nina將全部的愛放在女兒身上，孩子餓了、尿片濕了，從來都是Nina一手打理，自大的男人只是皺著眉，還將電視音量調高遮掩孩子嚎啕大哭的聲音。

訴說這一切時，Nina臉上並沒有現出愁容，語氣也沒有任何埋怨懊惱，而是流露船過水無痕的自然。在遭遇第三所學校裁員後決定退休，女兒大學畢業有了歸宿，Nina又有了新的人生規劃，回到故鄉九份和年少成長的友人合夥投資，如今兩家民宿經營得有聲有色。始終難忘的是那爽朗的笑聲、有勁的身形，仍然一步步踩著向前的步伐是不會停縮的。

　　父親領頭進來，Kuan默默在合約上簽名，靜靜站在一旁，臉上沒有表情，感覺是個嚴格管教下成長的孩子。還只是十九歲無憂無慮的年齡，已從名大學畢業且擁有兩張精算師的執照。對孩子的責任完成，接下來的路要自己去安排了，父親心滿意足的語氣，很欣慰遇見鄉親房東，慎重地將孩子託付，Kuan仍是木然直視，沒有任何情緒，彼此的眼神不曾交會。

　　Kuan十歲時父母離異，父親中年公務員退休後來美攻讀博士，將Kuan帶在身邊，讀博士已屬不易，還得兼顧年幼的孩子適應陌生的環境，語言、生活、課業等問題，千頭萬緒，各種壓力，為人父都必須一肩扛起。

　　假日時聚餐閒聊，Kuan會顯現優秀稟賦以外的真純，還是個小孩；但只要談到父親就停止話題，手裡僵硬握著餐具，臉上出現漠然的神情。彷彿永遠覺得自己是對的，不接受別人的想法，無法溝通，是一直以來父親的教育方式，孩子沒有反對的餘地，他的決定是不容置喙的。

　　培育資優孩子是必須走在前頭的，因超越同儕、表現亮眼，父母的督促有時是助力，也可能是壓力。Kuan從七年級起數學成績優異，得以跳級升上九年級（高一，美國中學制兩年），參加數學競賽勝出，再跳升一級，就讀高三（高中學制四年），三年高中生涯參賽數次，將所能發揮得淋漓盡致而申請上名大學，又以三年修畢學分，十九歲之齡取得大學文憑且考取精算師執照。

　　這一路走來，最該感謝是父親的帶領，還是怨懟嚴厲的造就？那幾分稚氣的面孔帶著化不開的愁容，Kuan仍低頭不語，也許讓時間來為這段親情作最好的註解吧？

　　許許多多走過的人、經過的事編織成網，密密麻麻鑲嵌在心裡，有溫馨滿懷的情境，有連綿延續的記憶，久久縈迴繚繞，難以遺忘。所有飄揚過海而來的異鄉人，不都是為了一圓夢與理想，他們尋到了嗎？實現了嗎？在這恆長的時空裡感受人性的善和動人的堅韌，在

相遇的時刻相互的心碰撞出火花，激瀾起生命的熱烈，
還有什麼是比得上如此的可貴，值得珍惜的呢？

商業企管類　PI0046　BOSS館12

包租女王
——美國房屋租賃贏家實戰錄

作　　者／MIA
責任編輯／林世玲
圖文排版／楊家齊
封面設計／蔡瑋筠

發 行 人／宋政坤
法律顧問／毛國樑　律師
出版發行／秀威資訊科技股份有限公司
　　　　　114台北市內湖區瑞光路76巷65號1樓
　　　　　電話：+886-2-2796-3638　傳真：+886-2-2796-1377
　　　　　http://www.showwe.com.tw
劃撥帳號／19563868　戶名：秀威資訊科技股份有限公司
　　　　　讀者服務信箱：service@showwe.com.tw
展售門市／國家書店（松江門市）
　　　　　104台北市中山區松江路209號1樓
　　　　　電話：+886-2-2518-0207　傳真：+886-2-2518-0778
網路訂購／秀威網路書店：http://store.showwe.tw
　　　　　國家網路書店：http://www.govbooks.com.tw

2017年12月　BOD一版
定價：200元
版權所有　翻印必究
本書如有缺頁、破損或裝訂錯誤，請寄回更換

國家圖書館出版品預行編目

包租女王：美國房屋租賃贏家實戰錄 / Mia著. --
一版. -- 臺北市：秀威資訊科技, 2017.12
面； 公分. -- (商業企管類；PI0046)(BOSS
館；12)
BOD版
ISBN 978-986-326-484-2(平裝)

1.不動產業 2.投資 3.租賃 4.美國

554.89   106018304

讀者回函卡

感謝您購買本書，為提升服務品質，請填妥以下資料，將讀者回函卡直接寄回或傳真本公司，收到您的寶貴意見後，我們會收藏記錄及檢討，謝謝！如您需要了解本公司最新出版書目、購書優惠或企劃活動，歡迎您上網查詢或下載相關資料：http:// www.showwe.com.tw

您購買的書名：_____

出生日期：_____年_____月_____日

學歷：□高中 (含) 以下　　□大專　　□研究所 (含) 以上

職業：□製造業　□金融業　□資訊業　□軍警　□傳播業　□自由業
　　　□服務業　□公務員　□教職　　□學生　□家管　□其它_____

購書地點：□網路書店　□實體書店　□書展　□郵購　□贈閱　□其他

您從何得知本書的消息？

　□網路書店　□實體書店　□網路搜尋　□電子報　□書訊　□雜誌
　□傳播媒體　□親友推薦　□網站推薦　□部落格　□其他_____

您對本書的評價：（請填代號　1.非常滿意　2.滿意　3.尚可　4.再改進）

　封面設計____　版面編排____　內容____　文／譯筆____　價格____

讀完書後您覺得：

□很有收穫　□有收穫　□收穫不多　□沒收穫

對我們的建議：_____

_____

_____

_____

11466
台北市內湖區瑞光路 76 巷 65 號 1 樓

秀威資訊科技股份有限公司　　　收

BOD 數位出版事業部

....

（請沿線對折寄回，謝謝！）

姓　　名：＿＿＿＿＿＿＿＿　年齡：＿＿＿＿　性別：□女　□男

郵遞區號：□□□□□

地　　址：＿＿＿＿＿＿＿＿＿＿＿＿＿＿＿＿＿＿＿＿＿＿

聯絡電話：(日) ＿＿＿＿＿＿＿＿＿　(夜) ＿＿＿＿＿＿＿＿＿

E - m a i l：＿＿＿＿＿＿＿＿＿＿＿＿＿＿＿＿＿＿＿＿＿